MW01242831

EL DIEZMO CRISTIANO NO ES BÍBLICO

Por

Juan José Fernández Granados

EL DIEZMO CRISTIANO NO ES BÍBLICO

Por Juan José Fernández Granados

Si estás interesado en nuestro ministerio, en nuestros libros y en nuestros estudios, visítanos:

www.ministerioluzalasnaciones.com

¡Muchas bendiciones!

ÍNDICE

Introducción

Antes de que me puedas mal interpretar, me gustaría aclarar que con este estudio ni estoy diciendo, ni estoy insinuando, ni estoy sugiriendo que NO debemos compartir de lo que Dios nos da con nuestra congregación, por favor, sigue bendiciendo a tus hermanos, pero aunque algunos llaman al dinero que apartan "el diezmo", en realidad, dicho "diezmo" NO tiene absolutamente nada que ver con el Diezmo que encontramos en las Sagradas Escrituras. Creo que muchos maestros saben esto, pero no lo quieren decir ni enseñar, por miedo a que la gente deje de dar su correspondiente "diezmo".

Bajo el Nuevo Pacto lo que SÍ debemos dar son ofrendas voluntarias y la cantidad que damos NO es necesariamente un diez por ciento, puede ser más o puede ser menos, según hayamos prosperado.

¿Quién o quiénes recibían los diezmos?

"Y he aquí que yo he dado a <u>los hijos de Leví</u> todos los diezmos en Israel por heredad, a cambio de su ministerio en el cual sirven, el ministerio de la tienda de reunión."
Números 18:21

La tribu de Leví recibía los diezmos del pueblo de Israel porque estaba dedicada a la Ley de Moisés y al servicio del Santuario. Los levitas eran los siervos de los Sacerdotes (Nm. 3:6) y solamente ellos podían recibir los diezmos.

Como los levitas no recibieron tierras en la repartición de la tierra de Canaán, para poder suplir sus necesidades, debían recibir los diezmos del Pueblo.

> *"**Sólo los levitas servirán en el ministerio de la tienda de reunión**, y ellos cargarán con la iniquidad del pueblo; será estatuto perpetuo por todas vuestras generaciones, y entre los hijos de Israel no tendrán heredad. **Porque el diezmo de los hijos de Israel, el cual ofrecen como ofrenda al SEÑOR, yo lo he dado a los levitas por heredad**; por tanto, he dicho en cuanto a ellos: "Entre los hijos de Israel no tendrán heredad.""*
> *Números 18:23 y 24*

> *"Estos son los territorios que Moisés repartió por heredad en las llanuras de Moab, al otro lado del Jordán, al oriente de Jericó. Pero a la tribu de Leví, Moisés no le dio heredad; el SEÑOR, Dios de Israel,*

es su heredad, como Él les había
prometido."
Josué 13:32 y 33

". . . los levitas no tienen porción
entre vosotros porque el sacer-
docio del SEÑOR es su herencia."
Josué 18:7

De igual forma, los levitas debían dar el diezmo de los diezmos a Aarón y a sus descendientes.

"También hablarás a los levitas y
les dirás: "Cuando recibáis de los
hijos de Israel los diezmos que de
ellos os he dado por vuestra
heredad, ofreceréis de ello una
ofrenda al SEÑOR, el diezmo de los
diezmos. "Y vuestra ofrenda os
será considerada como los
cereales de la era o como el
producto del lagar. "Así también
vosotros presentaréis al SEÑOR
una ofrenda de vuestros diezmos
que recibís de los hijos de Israel; y
de ellos daréis la ofrenda del
SEÑOR al sacerdote Aarón."
Números 18:26-28

Los Sacerdotes y los Levitas no solamente servían en el Santuario o en el Templo, también servían al Pueblo de Israel de muchas otras formas: algunos eran maestros e intérpretes de la Ley, otros eran jueces, algunos eran escribas, otros oficiales, algunos eran cantantes, otros músicos, algunos se encargaban de la repartición de lo que los huérfanos, las viudas y los pobres pudiesen necesitar, otros ayudaban a los extranjeros . . . por tanto, si los Israelitas fallaban en dar sus diezmos, su sociedad se derrumbaría porque los sacerdotes y levitas tendrían que buscarse la vida haciendo otra cosa, por eso he dicho que una sociedad sin sacerdotes para poder ofrecer sacrificios, sin jueces para poder hacer justicia, sin maestros para poder enseñar al Pueblo las leyes y la voluntad de Dios . . . se derrumbaría.

Algunas referencias bíblicas: Dt. 17:9; 21:5; 24:8; 33:10 / I Cr. 23:4; 25:1-31 / II Cr. 5:12; 19:8; 34:12 y 13; 31:4; 35:3 / Neh. 8:7-9

¿Alimento o dinero?

Los diezmos consistían en: **granos, frutos y animales**. Por tanto, SOLAMENTE los agricultores y ganaderos <u>en Israel</u> estaban obligados a dar el diezmo. Los carpinteros, los albañiles, los alfareros, los artesanos, los mercaderes, los pescadores, los médicos . . . NO daban el diezmo.

> *"Así pues, todo <u>el diezmo de la tierra</u>, <u>de la semilla de la tierra</u> o <u>del fruto del árbol</u>, es del SEÑOR; es cosa consagrada al SEÑOR . . .*

"Todo diezmo del ganado o del rebaño, o sea, de todo lo que pasa debajo del cayado, la décima cabeza será cosa consagrada al SEÑOR."
Levítico 27:30 y 32

"Diezmarás fielmente todo el producto de tu sementera, lo que rinde tu campo cada año. Y comerás en la presencia del SEÑOR tu Dios, en el lugar que El escoja para poner allí su nombre, el diezmo de tu grano, de tu mosto y de tu aceite, y los primogénitos de tus vacas y de tus ovejas . . ."
Deuteronomio 14:22 y 23

"También ordenó al pueblo que habitaba en Jerusalén que diera la porción correspondiente a los sacerdotes y a los levitas, a fin de que pudieran dedicarse a la ley del SEÑOR. Tan pronto como se divulgó la orden, los hijos de Israel proveyeron en abundancia las primicias de grano, mosto, aceite, miel y de todo producto del campo; y trajeron el diezmo de todo en abundancia."
II Crónicas 31:4 y 5

Si el diezmo era alimento ¿qué se hacía con él? Se lo comían (entre otras cosas) . . . el diezmador y su familia, el levita y el sacerdote.

> *"Y allí traeréis vuestros holocaustos, vuestros sacrificios, vuestros diezmos, la contribución de vuestra mano, vuestras ofrendas votivas, vuestras ofrendas voluntarias, y el primogénito de vuestras vacas y de vuestras ovejas. Allí también vosotros y vuestras familias comeréis en presencia del SEÑOR vuestro Dios, y os alegraréis en todas vuestras empresas en las cuales el SEÑOR vuestro Dios os ha bendecido . . . No te es permitido comer dentro de tus ciudades el diezmo de tu grano, de tu mosto, o de tu aceite, ni de los primogénitos de tus vacas o de tus ovejas, ni ninguna de las ofrendas votivas que prometas, ni tus ofrendas voluntarias, ni la ofrenda alzada de tu mano, sino que lo comerás en presencia del SEÑOR tu Dios en el lugar que el SEÑOR tu Dios escoja, tú, tu hijo y tu hija, tu siervo y tu sierva, y el levita que vive dentro de tus puertas; y te alegrarás en pre-*

sencia del SEÑOR tu Dios de toda
la obra de tus manos."
Deuteronomio 12:6 y 7; 17 y 18

Si hemos leído atentamente los pasajes citados, podemos comprobar que existían <u>tres tipos de diezmo</u>:

Primer Diezmo – Maasér Rishón: El diezmo para los Levitas.

Los levitas recibían este diezmo y daban la décima parte a los sacerdotes (el diezmo del diezmo – Nm. 18:26 – *Terumát Maasér*).

Este diezmo se entregaba a los levitas en las ciudades levíticas (48 en total – Jos. 21:41) esparcidas por la tierra de Israel (Num. 35:2 y 3 / Jos. 21:1 y 2).

"Porque <u>el diezmo</u> de los hijos de Israel, el cual ofrecen como ofrenda al SEÑOR, <u>yo lo he dado a los levitas por heredad</u>; por tanto, he dicho en cuanto a ellos: "Entre los hijos de Israel no tendrán heredad.""
Números 18:24

Segundo Diezmo – Maasér Sheni:

El diezmo para una de las Fiestas de peregrinaje.

Era llevado y comido en el lugar escogido por Dios (principalmente en el Tabernáculo en Silo y posteriormente en el Templo de Jerusalén). Este diezmo es diferente al primero citado porque participan de él (comen) el que diezma, su familia y los levitas.

> *"... buscaréis al SEÑOR en el lugar en que el SEÑOR vuestro Dios escoja de todas vuestras tribus, para poner allí su nombre para su morada, y allí vendréis. Y allí traeréis vuestros holocaustos, vuestros sacrificios, vuestros diezmos, la contribución de vuestra mano, vuestras ofrendas votivas, vuestras ofrendas voluntarias, y el primogénito de vuestras vacas y de vuestras ovejas. Allí también vosotros y vuestras familias comeréis en presencia del SEÑOR vuestro Dios, y os alegraréis en todas vuestras empresas en las cuales el SEÑOR vuestro Dios os ha bendecido ... entonces sucederá que al lugar que el SEÑOR vuestro Dios escoja para morada de su nombre, allí traeréis todo lo que yo os mando:*

vuestros holocaustos y vuestros sacrificios, <u>vuestros diezmos</u> y la ofrenda alzada de vuestra mano, y todo lo más selecto de vuestras ofrendas votivas que habéis prometido al SEÑOR. Y os alegraréis en presencia del SEÑOR vuestro Dios, vosotros, vuestros hijos y vuestras hijas, vuestros siervos y vuestras siervas, y el levita que vive dentro de vuestras puertas, ya que no tiene parte ni heredad entre vosotros. Cuídate de no ofrecer tus holocaustos en cualquier lugar que veas, sino en el lugar que el SEÑOR escoja en una de tus tribus, allí ofrecerás tus holocaustos, y allí harás todo lo que yo te mando. Sin embargo, podrás matar y comer carne dentro de todas tus puertas, conforme a tu deseo, según la bendición que el SEÑOR tu Dios te ha dado; el inmundo y el limpio podrán comerla, como si fuera de gacela o de ciervo. Sólo que no comeréis la sangre; la derramaréis como agua sobre la tierra. <u>No te es permitido comer dentro de tus ciudades el diezmo de tu grano, de tu mosto, o de tu aceite, ni de los primogénitos de tus vacas</u>

o de tus ovejas, ni ninguna de las ofrendas votivas que prometas, ni tus ofrendas voluntarias, ni la ofrenda alzada de tu mano, sino que lo comerás en presencia del SEÑOR tu Dios en el lugar que el SEÑOR tu Dios escoja, tú, tu hijo y tu hija, tu siervo y tu sierva, y el levita que vive dentro de tus puertas; y te alegrarás en presencia del SEÑOR tu Dios de toda la obra de tus manos. Cuídate de no desamparar al levita mientras vivas en tu tierra."
Deuteronomio 12:5-7, 11-19

Si una persona vivía lejos y no podía llevar el diezmo al lugar elegido por Dios (el diezmo podía tener demasiado peso para poder llevarlo tan lejos), podía venderlo, pero el dinero obtenido de la venta era usado para comprar todo lo que el diezmador desease comer (vacas, ovejas, etc) y beber (vino, sidra etc), dicho dinero NO era ofrendado / diezmado.

"Diezmarás fielmente todo el producto de tu sementera, lo que rinde tu campo cada año. Y comerás en la presencia del SEÑOR tu Dios, en el lugar que El escoja para poner allí su nombre, el diezmo de tu grano, de tu mosto y de tu aceite, y los primogénitos de

tus vacas y de tus ovejas, para que aprendas a temer siempre al SEÑOR tu Dios. Mas si el camino es tan largo para ti, que seas incapaz de llevar el diezmo por estar lejos el lugar donde el SEÑOR tu Dios escoja para poner allí su nombre, cuando el SEÑOR tu Dios te haya bendecido, entonces lo cambiarás por dinero, y atarás el dinero en tu mano e irás al lugar que el SEÑOR tu Dios escoja. Y podrás gastar el dinero en todo lo que tu corazón apetezca: en vacas u ovejas, en vino o sidra, o en cualquier otra cosa que tu corazón desee; allí comerás en presencia del SEÑOR tu Dios, y te alegrarás tú y tu casa. Tampoco desampararás al levita que habite en tus ciudades, porque él no tiene parte ni heredad contigo."
Deuteronomio 14:22-27

¿No te llama la atención que Dios ordena a los Hijos de Israel dar los diezmos a los levitas y tanto en el versículo 19 del capítulo 12 como en el versículo 27 del capítulo 14 del libro de Deuteronomio, Dios dice que no desamparen a los levitas? ¿Cómo van a desamparar a los levitas si precisamente iban para darle los diezmos? La respuesta es sencilla cuando sabemos que esto era un Fiesta y que los diezmos se comían, sería muy sencillo comer y beber de estos diezmos y no tener en cuenta a los propios levitas. Dios les dice alegraos, comed en mi presencia lo que queráis, bebed lo que queráis, pero NO os olvidéis de vuestros hermanos levitas.

Tercer Diezmo – Maasér Aní: El diezmo para los necesitados

Se daba cada tercer año y los que recibían este diezmo eran los necesitados: los levitas, los extranjeros, los huérfanos y las viudas. Se recibía en las ciudades de los que diezmaban.

"Al fin de cada tercer año, sacarás todo el diezmo de tus productos de aquel año y lo depositarás en tus ciudades. Y vendrá el levita, que no tiene parte ni herencia contigo, y el forastero, el huérfano y la viuda que habitan en tus ciudades, y comerán y se saciarán, para que el SEÑOR tu Dios te bendiga en toda obra que tu mano haga."
Deuteronomio 14:28 y 29

"Cuando acabes de pagar todo el diezmo de tus frutos en el tercer año, el año del diezmo, entonces lo darás al levita, al forastero, al huérfano y a la viuda, para que

puedan comer en tus ciudades y
sean saciados."
Deuteronomio 26:12

Hoy en día, es muy desagradable cuando se exige el diezmo a los necesitados, los necesitados deberían recibir el diezmo, NO darlo.

Es algo MUY SERIO *"devorar las casas de las viudas"* (Mt. 23:14) como afirmó Jesús cuando dio a entender que no se hacía justicia con ellas: en vez de darles ayuda, la poca que no tenían se la quitaban (Mc. 12:44).

> *"¡Ay de los que dictan leyes injustas, y prescriben tiranía, para apartar del juicio a los pobres, y para quitar el derecho a los afligidos de mi pueblo; para despojar a las viudas, y robar a los huérfanos! ¿Y qué haréis en el día del castigo? ¿A quién os acogeréis para que os ayude, cuando venga de lejos el asolamiento? ¿En dónde dejaréis vuestra gloria?"*
> *Isaías 10:1-3*

> *"Maldito el que pervierta el derecho del forastero, del huérfano y de la viuda." Y todo el pueblo dirá: "Amén."*
> *Deuteronomio 27:19*

"El que oprime al pobre para aumentar sus ganancias . . . ciertamente se empobrecerá."
Proverbios 22:16

Los pobres NO tenían tierras ni ganado, por tanto NO estaban obligados a dar el diezmo. Jesús era pobre (II Co. 8:9), procedía de una familia pobre, cuando sus padres van a Jerusalén para presentarle en el Templo y ofrecer un sacrificio para su purificación (de la madre) ofrecen dos tórtolas (el sacrificio de los pobres) en vez de un cordero de un año (Lv. 12:8 / Lc. 2:24). Por tanto, **Jesús NO diezmó porque no tenía tierras ni ganado y además era pobre**.

Flavio Josefo nos habla de estos tres diezmos que acabamos de estudiar en su obra *Antigüedades Judías* (70-93 D.C.):

"Junto y además de los dos diezmos que, según dije antes, pagaréis cada año, uno para los levitas y otro para los banquetes, aportaréis un tercero cada tres años para distribuir entre viudas y huérfanos aquellos bienes de que anden faltos."
Libro IV - 240

El Año de Reposo de la Tierra

En el séptimo año (el año sabático) NO se sembraba ni se cosechaba, por tanto, tampoco se diezmaba, era un año de reposo para la tierra.

> *"Seis años sembrarás tu tierra y recogerás su producto; pero el séptimo año la dejarás descansar, sin cultivar, para que coman los pobres de tu pueblo, y de lo que ellos dejen, coman las bestias del campo. Lo mismo harás con tu viña y con tu olivar."*
> *Éxodo 23:10 y 11*

> *"Seis años sembrarás la tierra, seis años podarás tu viña y recogerás sus frutos, pero el séptimo año la tierra tendrá completo descanso, un reposo para el SEÑOR; no sembrarás tu campo ni podarás tu viña. "Lo que nazca espontáneamente después de tu cosecha no lo segarás, y las uvas de los sarmientos de tu viñedo no recogerás; la tierra tendrá un año de reposo. "Y el fruto del reposo de la tierra os servirá de alimento: a ti, a tus siervos, a tus siervas, a tu jornalero y al extranjero, a los que residen contigo. "También a tu ganado y a los animales que están en tu tierra, todas sus cosechas les*

servirán de alimento . . .
Cumpliréis, pues, mis estatutos y
guardaréis mis leyes, para ejecu-
tarlos, para que habitéis seguros
en la tierra. "Entonces la tierra
dará su fruto, comeréis hasta que
os saciéis y habitaréis en ella con
seguridad. "Pero si decís: '¿Qué
vamos a comer el séptimo año si
no sembramos ni recogemos
nuestras cosechas?', yo entonces
os enviaré mi bendición en el sexto
año, de modo que producirá fruto
para tres años."
Levítico 25:3-7, 18-21

CICLO DE 7 AÑOS

DIEZMOS	PRIMER AÑO	SEGUNDO AÑO	TERCER AÑO	CUARTO AÑO	QUINTO AÑO	SEXTO AÑO	SEPTIMO AÑO
1º DIEZMO PARA LOS LEVITAS	SI	SI	SI	SI	SI	SI	NO
2º DIEZMO PARA LAS FIESTAS	SI	SI	NO?	SI	SI	NO?	NO
3º DIEZMO PARA LOS POBRES	NO	NO	SI	NO	NO	SI	NO

El "Diezmo" de nuestro Padre Abraham

Muchos afirman que como el diezmo que entregó Abraham fue antes de la Ley, todavía debe ser aplicado. Si este razonamiento fuese valido (aunque está claro que NO lo es) también deberíamos:

- circuncidarnos (Gn. 17:24)

- tener dos esposas (Gn. 16:13)

- ofrecer sacrificios (Gn. 22:13)

> *"A su regreso después de derrotar a Quedorlaomer y a los reyes que estaban con él, salió a su encuentro el rey de Sodoma en el valle de Save, es decir, el valle del Rey. Entonces Melquisedec, rey de Salem, sacó pan y vino; él era sacerdote del Dios Altísimo. Y lo bendijo, diciendo: Bendito sea Abram del Dios Altísimo, creador del cielo y de la tierra; y bendito sea el Dios Altísimo que entregó a tus enemigos en tu mano. <u>Y le dio Abram el diezmo de todo.</u>"*
> *Génesis 14:17-20*

Algo muy interesante es que Abraham NO da el diezmo de lo que él poseía, este diezmo fue del botín que había obtenido en la guerra.

"Considerad, pues, la grandeza de este hombre a quien Abraham, el patriarca, dio el diezmo de lo mejor del botín."
Hebreos 7:4

Este diezmo NO tiene absolutamente nada que ver con el diezmo establecido posteriormente en la Ley de Moisés. El diezmo establecido en la Ley era el producto de la tierra y/o crías del ganado.

Este diezmo NO era una obligación por parte de Abraham, fue un acto voluntario, fue una forma de honrar a Melquisedec. Cuando el Rey de Sodoma le dice que se quede con los bienes (el 90% restante), Abraham le dice que NO. Algunos comentaristas piensan que dar el diezmo de un botín era una costumbre de aquella época (algo que debemos tener en cuenta).

Este diezmo fue solamente dado una vez en la vida de Abraham. Nunca le vemos dando el diezmo ni antes de este incidente ni después.

Abraham no se hizo rico por dar el diezmo, él ya era rico, la riqueza le vino por su fe en Dios y en sus promesas.

Dios NO nos bendice porque pagamos el diezmo, Dios nos bendice porque somos sus hijos y nos ama.

El Voto de Jacob

> *"Entonces hizo Jacob un voto, diciendo: Si Dios está conmigo y me guarda en este camino en que voy, y me da alimento para comer y ropa para vestir, y vuelvo sano y salvo a casa de mi padre, entonces el SEÑOR será mi Dios. Y esta piedra que he puesto por señal será casa de Dios; y de todo lo que me des, te daré el diezmo."*
> *Génesis 28:20-22*

Algunos intentan usar este pasaje para probar que el diezmo existía antes de la Ley de Moisés, sin embargo, este voto no tiene nada que ver con el diezmo ordenado por Dios en la Ley de Moisés y surgió del egoísmo de Jacob.

Si nos fijamos bien, Jacob dice que dará a Dios el diezmo siempre y cuando Dios esté con él, le guardé y le bendiga, ¿esta actitud es correcta? ¿Puede poner el hombre condiciones a Dios diciendo si tú me das, yo te daré? Por supuesto que no. Hay algunas preguntas que podemos hacernos acerca de este voto que NO tienen respuestas:

¿Quién le dijo a Jacob que tenía que dar el diezmo? ¿Cuándo Jacob cumplió su voto? ¿A quién daría el diezmo Jacob?

Estas preguntas NO tienen respuesta porque este diezmo NO tiene nada que ver con el diezmo que encontramos en la Ley de Moisés. En la Ley de Moisés encontramos el mandamiento de dar el diezmo, en qué consistía el diezmo, quién tenía que darlo, a quién se debía dar el diezmo y dónde se debía entregar.

¿Quién roba a quién?

"Porque yo, el SEÑOR, no cambio; por eso vosotros, oh hijos de Jacob, no habéis sido consumidos. Desde los días de vuestros padres os habéis apartado de mis estatutos y no los habéis guardado. Volved a mí y yo volveré a vosotros--dice el SEÑOR de los ejércitos. Pero decís: "¿Cómo hemos de volver?" ¿Robará el hombre a Dios? Pues vosotros me estáis robando. Pero decís: "¿En qué te hemos robado?" En los diezmos y en las ofrendas. Con maldición estáis malditos, porque vosotros, la nación entera, me estáis robando. Traed todo el diezmo al alfolí, para que haya alimento en mi casa; y ponedme ahora a prueba en esto--dice el SEÑOR de los ejércitos-- si no os abriré las ventanas del cielo, y derramaré para vosotros

bendición hasta que sobreabunde.
Por vosotros reprenderé al devo-
rador, para que no os destruya los
frutos del suelo; ni vuestra vid en
el campo será estéril, dice el
SEÑOR de los ejércitos."
Malaquías 3:6-11

Es curioso que se utilice el libro del profeta Malaquías para pedir el diezmo a los creyentes en Jesucristo, creyentes bajo un Nuevo Pacto, cuando el profeta está escribiendo y dirigiéndose a los Hijos de Jacob, es decir, al Pueblo de Israel.

Cuando leemos el libro de Malaquías podemos ver que el problema NO era que Su Pueblo NO diezmaba, el verdadero problema era que el corazón de Su Pueblo se estaba alejando de Él.

"Desde los días de vuestros padres
os habéis apartado de mis esta-
tutos y no los habéis guardado.
Volved a mí y yo volveré a
vosotros, dice el SEÑOR de los
ejércitos. Pero decís: "¿Cómo
hemos de volver?"
Malaquías 3:7

El Pueblo de Israel NO era maldito porque NO daba el diezmo, era maldito porque no honraba a Dios guardando TODA LA LEY DE MOISÉS.

"Si no escucháis, y si no decidís de corazón dar honor a mi nombre-- dice el SEÑOR de los ejércitos-- enviaré sobre vosotros maldición, y maldeciré vuestras bendiciones; y en verdad, ya las he maldecido, porque no lo habéis decidido de corazón."
Malaquías 2:2

"Acordaos de la ley de mi siervo Moisés, de los estatutos y las ordenanzas que yo le ordené en Horeb para todo Israel."
Malaquías 4:4

Otra cosa curiosa es que se use este pasaje para pedir dinero cuando muy claramente este pasaje enseña que el diezmo es alimento. El famoso versículo de Malaquías NO dice: *"Haya dinero en mi casa"*, el versículo dice:

"Traed todo el diezmo al alfolí, para que <u>haya alimento en mi casa</u> . . ."
Malaquías 3:10a

MALAQUÍAS 3:10
Explicación y Contexto

"Traed todos los diezmos al alfolí y haya alimento en mi casa; y probadme ahora en esto, dice el SEÑOR de los ejércitos, si no os abriré las ventanas de los cielos, y derramaré sobre vosotros bendición hasta que sobreabunde."

"TRAED"

¿A quién dirige Dios estas palabras? ¿A la Iglesia? ¡NO! Dios está hablando a los "**hijos de Jacob**" (Mal. 3:6), es decir, al Pueblo de Israel.

"Profecía de la palabra del SEÑOR a ISRAEL por medio de Malaquías." Malaquías 1:1

Al mirar el contexto del libro de Malaquías podemos darnos cuenta que se refiere más concretamente a los sacerdotes, los sacerdotes se habían apartado de los caminos de Dios, habían deshonrado a Dios, habían menospreciado Su Nombre, habían menospreciado los diezmos, habían corrompido el Pacto de Leví, habían hecho tropezar a muchos y de alguna forma, estaban robando, no solamente a Dios, sino también al Pueblo de Israel. Leamos algunas porciones del libro de Malaquías:

"El hijo honra a su padre, y el siervo a su señor. Pues si yo soy padre, ¿dónde está mi honor? Y si

yo soy señor, ¿dónde está mi temor?--dice el SEÑOR de los ejércitos A VOSOTROS SACERDOTES que menospreciáis mi nombre--. Pero vosotros decís: "¿En qué hemos menospreciado tu nombre?" Ofreciendo sobre mi altar pan inmundo. Y vosotros decís: "¿En qué te hemos deshonrado?" En que decís: "La mesa del SEÑOR es despreciable." Y cuando presentáis un animal ciego para el sacrificio, ¿no es malo? Y cuando presentáis el cojo y el enfermo, ¿no es malo? ¿Por qué no lo ofreces a tu gobernador? ¿Se agradaría de ti o te recibiría con benignidad?--dice el SEÑOR de los ejércitos. Ahora pues, ¿no pediréis el favor de Dios, para que se apiade de nosotros? Con tal ofrenda de vuestra parte, ¿os recibirá Él con benignidad?--dice el SEÑOR de los ejércitos. ¡Oh, si hubiera entre vosotros quien cerrara las puertas para que no encendierais mi altar en vano! No me complazco en vosotros--dice el SEÑOR de los ejércitos-- ni de vuestra mano aceptaré ofrenda. Porque desde la salida del sol hasta su puesta, mi nombre será grande entre las

naciones, y en todo lugar se ofrecerá incienso a mi nombre, y ofrenda pura de cereal; pues grande será mi nombre entre las naciones--dice el SEÑOR de los ejércitos. Pero vosotros lo pro-fanáis, cuando decís: "La mesa del Señor es inmunda, y su fruto, su alimento despreciable." También decís: "¡Ay, qué fastidio!" Y con indiferencia lo despreciáis--dice el SEÑOR de los ejércitos—Y TRAÉIS LO ROBADO, o cojo, o enfermo; así traéis la ofrenda. ¿Aceptaré eso de vuestra mano?--dice el SEÑOR. ¡MALDITO sea el engañador que tiene un macho en su rebaño, y lo promete, pero sacrifica un animal dañado al Señor! Porque yo soy el Gran Rey--dice el SEÑOR de los ejércitos-- y mi nombre es temido entre las naciones."
Malaquías 1:6-14

"Ahora, pues, OH SACERDOTES, para vosotros es este manda-miento. Si no oyereis, y si no decidís de corazón dar gloria a mi nombre, ha dicho el Señor de los ejércitos, enviaré MALDICIÓN sobre vosotros, y MALDECIRÉ vues-tras bendiciones; y aun LAS HE

29

MALDECIDO, porque no os habéis decidido de corazón. He aquí, yo os dañaré la sementera, y os echaré al rostro el estiércol, el estiércol de vuestros animales sacrificados, y seréis arrojados juntamente con él. Y sabréis que yo os envié este mandamiento, para que fuese mi pacto con Leví . . . Porque los labios del sacerdote han de guardar la sabiduría, y de su boca el pueblo buscará la ley; porque mensajero es del Señor de los ejércitos. MAS VOSOTROS os habéis apartado del camino; habéis hecho tropezar a muchos en la ley; habéis corrompido el pacto de Leví; dice el Señor de los ejércitos. Por tanto, yo también os he hecho viles y bajos ante todo el pueblo, así como vosotros no habéis guardado mis caminos, y en la ley hacéis acepción de personas. ¿No tenemos todos un mismo padre? ¿No nos ha creado un mismo Dios? ¿Por qué, pues, nos portamos deslealmente el uno contra el otro, profanando el pacto de nuestros padres? . . . Habéis hecho cansar al Señor con vues-tras palabras. Y decís: ¿En qué le hemos cansado? En que decís: Cualquiera que hace

mal agrada al Señor, y en los tales
se complace; o si no, ¿dónde está el
Dios de justicia?"
Malaquías 2:1-4, 7-10 y 17

En Malaquías 3, Dios sigue hablando de los sacerdotes y en el versículo 5 leemos:

"Y vendré a vosotros para juicio; y
seré pronto testigo contra los
hechiceros y adúlteros, contra los
que juran mentira, y los que
defraudan en su salario al jorna-
lero, a la viuda y al huérfano, y los
que hacen injusticia al extranjero,
no teniendo temor de mí, dice el
Señor de los ejércitos."
Malaquías 3:5

Dios llama a los sacerdotes hechiceros, adúlteros (recordemos que muchos abandonaron a sus esposas para casarse con esposas paganas, hijas de dioses extraños - Esd. 10:18 / Mal. 2:14 -), Dios también los llama mentirosos (Mal. 1:12-14) y afirma que los sacerdotes defraudaban a la viuda, al huérfano y no hacían justicia al extranjero, los diezmos ubicados en las cámaras especiales del Templo de Jerusalén también se usaban para suplir las necesidades de los levitas que servían en el Templo, de los extranjeros, de las viudas y de los huérfanos, está claro que los sacerdotes NO lo estaban haciendo, ya que NO tenían temor de Dios en sus corazones.

Ahora me gustaría dar algunos detalles importantes para que podamos entender lo que estaba sucediendo realmente, veamos:

El Pueblo de Israel llevaba sus diezmos para los levitas (el primer diezmo – maasér rishón) a las ciudades levíticas donde vivían los sacerdotes y los levitas con sus familias cuidando a sus animales y ganados (Jerusalén NO es un ciudad levítica, por tanto, la mayoría de los levitas y sacerdotes NO vivían en Jerusalén), estas ciudades estaban esparcidas por todo Israel y los levitas junto con los sacerdotes debían llevar al "alfolí" (almacén / cámara) en el Templo (la Casa de Dios) el diezmo de los diezmos para los sacerdotes, una vez en este almacén, los sacerdotes debían dar las porciones correspondientes a los sacerdotes y levitas que les había tocado servir en el Templo (debemos saber que los sacerdotes fueron divididos en 24 grupos - I Cr. 24 - y de igual forma los levitas - I Cr. 25 y 26 -, estos grupos se iban turnando y servían en el Templo durante dos semanas cada año).

> *". . . traeremos el diezmo de nuestro suelo a los levitas, porque los levitas son los que reciben los diezmos (¿dónde los reciben? sigamos leyendo . . .) en todas las ciudades donde trabajamos. Y un sacerdote, hijo de Aarón, estará con los levitas cuando los levitas reciban los diezmos (en las*

ciudades levíticas), y los levitas llevarán la décima parte de los diezmos a la casa de nuestro Dios (en Jerusalén), a las cámaras del almacén"
Nehemías 10:37 y 38

Los sacerdotes NO estaban repartiendo a los levitas las porciones que les tocaba por su servicio en el Templo y, por eso, la Casa de Dios estaba abandonada.

". . . las porciones para los levitas NO les habían sido dadas, y que los levitas y cantores que hacían el servicio habían huido cada uno a su heredad. Entonces reprendí a los oficiales (está claro que aquí se refiere a los sacerdotes porque eran los encargados de los levitas), y dije: ¿Por qué está la casa de Dios abandonada?"
Nehemías 13:10 y 11

Nehemías, contemporáneo de Malaquías, tiene que reprender a los sacerdotes porque NO estaban ejerciendo sus funciones según la Ley de Moisés, de hecho, estaban quebrantando el Pacto de Leví (robando el diezmo y de esta forma quebrantando los mandamientos y estatutos relacionados con los sacerdotes y levitas):

"Ahora, pues, OH SACERDOTES, para vosotros es este MANDA-MIENTO . . . Y sabréis que yo os envié este MANDAMIENTO, para que fuese MI PACTO CON LEVÍ . . . Porque los labios del sacerdote han de guardar la sabiduría, y de su boca el pueblo buscará la ley . . . Mas vosotros os habéis apartado del camino; habéis hecho tropezar a muchos en la ley; habéis corrom-pido EL PACTO DE LEVÍ"
Malaquías 2:1, 4a, 7 y 8

"Desde los días de vuestros padres os habéis apartado de mis ESTATUTOS (hebreo: jukim) y no los habéis guardado."
Malaquías 3:7

"TODOS LOS DIEZMOS"

¿Cuántos diezmos tenía que dar el Pueblo de Israel? ¡TRES!

- **El Primer Diezmo:** el diezmo para los levitas – en hebreo: Maasér Rishón (Nm. 18:21 y 24)

- **El Segundo Diezmo:** el diezmo para una de las Fiestas de peregrinaje – en hebreo Maasér Shení (Dt. 12:5-7, 11-19; 14:22-27)

- **El Tercer Diezmo:** el diezmo para los necesitados (levitas*, extranjeros, pobres, huérfanos, viudas) – en hebreo Maasér Aní = Diezmo del Pobre (Dt. 14:28 y 29;26:12)

Nota*: Es curioso que el levita esté el primero en la lista de las personas necesitadas.

Recordemos también que los levitas debían dar "**el diezmo de los diezmos**" a los sacerdotes (en hebreo: Terumát Maasér – Nm. 18:26).

"AL ALFOLÍ"

La palabra en hebreo es **OTSAR** (singular) / **OTSAROT** (plural) y quiere decir **ALMACÉN**, veamos dicha palabra en otros versículos relacionados con los diezmos.

"Y un sacerdote, hijo de Aarón, estará con los levitas cuando los levitas reciban los diezmos, y los levitas llevarán la décima parte de los diezmos a la casa de nuestro Dios, a las cámaras del ALMACÉN (singular: otsar)"
Nehemías 10:38

"Aquel día fueron designados hombres a cargo de las cámaras destinadas a ALMACENES (plural: otsarot) de las contribuciones, de

las primicias y de los diezmos,
para que recogieran en ellas, de
los campos de las ciudades, las
porciones dispuestas por la ley
para los sacerdotes y levitas."
Nehemías 12:44

"Y todo Judá trajo el diezmo del
grano, del vino y del aceite, a los
ALMACENES (plural: otsarot)."
Nehemías 13:12

En el templo de Jerusalén no solamente había un almacén (otsar), había varios almacenes (otsarot) para guardar las ofrendas y los diezmos, estas cámaras fueron preparadas por orden del rey Ezequías (II Cr. 31:10-12).

El Sumo sacerdote Eliasib (Neh. 1:28 y 3:1) usó una de estos almacenes para alojar a un pariente llamado Tobías que era un enemigo de Israel, el Sumo sacerdote hizo desalojar los utensilios, las ofrendas, los diezmos, los inciensos y aceites para alojar a un enemigo de Israel en la Casa del Dios de Israel, cuando Nehemías llega a Jerusalén, esto es lo que sucedió:

"y vine a Jerusalén y me enteré del
MAL que Eliasib había hecho por
favorecer a Tobías, al prepararle
un aposento en los atrios de la
casa de Dios. Esto me desagradó
mucho, por lo cual arrojé todos los

muebles de la casa de Tobías fuera
del aposento. Entonces ordené que
limpiaran los aposentos; y puse de
nuevo allí los utensilios de la casa
de Dios con las ofrendas de cereal
y el incienso."
Nehemías 13:7 y 9

"Y HAYA ALIMENTO EN MI CASA"

¿Haya dinero en mi casa? ¡NO! Haya alimento, ¿por qué alimento? Porque el diezmo, según la Ley de Moisés es alimento: granos, frutos y animales. Por tanto, NO todo el Pueblo de Israel daba el diezmo: los pescadores NO diezmaban, los carpinteros NO diezmaban (sorpresa: Jesús nunca diezmó, no solamente por su trabajo, no diezmó porque era pobre (II Co. 8:9), en una ocasión, Jesús y sus discípulos están recogiendo las espigas que los agricultores dejaban para que los pobres pudieran comerlas según indica la Ley de Moisés en Deutronomio 24:19-21), los médicos NO diezmaban, los artesanos NO diezmaban, los pobres NO diezmaban, de hecho, ¡ellos recibían un diezmo especial! Solamente los agricultores y ganaderos daban el diezmo y SOLAMENTE el diezmo que procedía de la tierra de Israel.

> *"Así pues, todo EL DIEZMO DE LA*
> *TIERRA, de la semilla de la tierra o*
> *del fruto del árbol, es del SEÑOR;*
> *es cosa consagrada al SEÑOR . . .*
> *"Todo DIEZMO DEL GANADO O DEL*

REBAÑO, o sea, de todo lo que pasa debajo del cayado, la décima cabeza será cosa consagrada al SEÑOR . . . Estos son los mandamientos que el SEÑOR ordenó a Moisés PARA LOS HIJOS DE ISRAEL en el monte Sinaí."
Levítico 27:30, 32 Y 34

Si hemos entendido bien lo que estaba sucediendo, podemos afirmar que la orden de que HAYA ALIMENTO EN MI CASA no iba dirigida a los Israelitas, iba dirigida a los sacerdotes que eran los encargados de las cámaras / almacenes del Templo y eran los que repartían lo que otros levitas y sacerdotes necesitaban por estar sirviendo en el Templo.

"LAS VENTANAS DE LOS CIELOS"

Dios dice que abrirá las ventanas de los cielos, es decir, Él dará la lluvia para bendecir la tierra de Israel. Dios NO abre las ventanas de los cielos para que llueva billetes, Dios las abre para bendecir la tierra con agua (I R. 8:35 / II Cr. 7:13), también promete que la langosta (el devorador – Amós 4:9) no comerá sus frutos . . .

"Reprenderé también por vosotros al devorador y no os destruirá el fruto de la tierra, ni vuestra vid en el campo será estéril, dice el SEÑOR de los ejércitos."
Malaquías 3:10

Esta forma de interpretar estos versículos va en contra de la interpretación tradicional la cual afirma que los sacerdotes NO estaban recibiendo el diezmo del Pueblo de Israel y el Pueblo era el culpable, admito que puede haber alguna duda si Malaquías 3:6-12 se refiere a los sacerdotes, sin embargo, teniendo en cuenta que los sacerdotes son los malditos, los corruptos, los despreciables, los viles, los ladrones, los mentirosos, etc etc etc como podemos ver desde Malaquías 1:6 hasta 3:5, sinceramente, NO tiene mucho sentido que a partir del versículo 6 el Pueblo sea el maldito y el culpable, cuando en Malaquías 3:9 leemos: "**Malditos sois con maldición, porque vosotros, la nación toda, me habéis robado.**" Debemos entender que los sacerdotes son los responsables de que Israel estuviese maldito y de que Israel estuviese robando a Dios, los sacerdotes eran los responsables de haber hecho tropezar a los Israelitas (Mal. 2:8), cuando Acán pecó (un solo hombre – Jos. 7:1), Dios dice lo siguiente: "**Israel ha pecado y aun han quebrantado mi pacto que yo les mandé**" (Jos. 7:11), aunque sólo pecó Acán, Dios afirma que Israel ha pecado, lo mismo sucede aquí, los sacerdotes habían robado y Dios dice: "**la nación toda, me habéis robado**" . . . habiendo aclarado esto, una cosa SÍ ESTÁ MUY MUY CLARA:

Todos los versículos que he citado de Malaquías NO están hablando de los que hemos puesto nuestra fe y confianza en Jesucristo, de los que hemos entrado en el Nuevo Pacto. Nuestro Dios es nuestro Abba y Papá NO maldice a sus hijos . . . Dios NO espera que hagamos nada para bendecirnos (Dios es mejor que yo y yo no espero que mi hijo haga algo para que yo pueda suplir sus necesidades y bendecirle), nuestro Dios ha tomado la iniciativa y nos bendijo con TODA bendición espiritual, en Él estamos completos y si algo nos falta, Dios lo suplirá conforme a sus riquezas en gloria en Cristo Jesús. ¡ASÍ ES!

Cuatro tipos de Predicadores

Cuando un predicador te dice que si no das tu diezmo, estás robando a Dios puede suceder cuatro cosas...

- **Primera:** <u>Que sea un gran ignorante.</u> "¿Un gran ignorante?" Claro que sí, porque usar un pasaje del Antiguo Pacto escrito aproximadamente hace 2500 años, por un profeta bajo el Antiguo Pacto, dirigido a personas que vivían bajo el Antiguo Pacto, muestra un TOTAL desconocimiento del mensaje del Evangelio. Ahora vivimos bajo un Nuevo Pacto y ya NO estamos sujetos a las leyes del Antiguo Pacto.

- **Segunda:** <u>Que sea un ladrón.</u> Si este predicador sabe que este pasaje tuvo su aplicación en un determinado momento de la historia de Israel y lo utiliza para que des el diezmo, está usando la Biblia de una forma incorrecta, está usando la Biblia para conseguir algo de ti (dinero) que NO le corresponde, por tanto, este individuo es un ladrón. Este individuo es el que necesita el dinero, Dios NO necesita ni quiere tu dinero, Dios quiere tu corazón.

Tristemente estas personas que usan las Escrituras como un medio para sacar dinero, tienen una mente depravada, pervertida y corrompida, como el mismo Pablo dijo:

> *". . . hombres de mente depravada, que están privados de la verdad, que <u>suponen que la piedad es un medio de ganancia</u>."*
> *I Timoteo 6:5*

Este versículo NO solamente se aplica a estos "predicadores ladrones", también se aplica a las personas que dan el diezmo esperando recibir más dinero o más bendición.

> *"Pues NO somos como muchos, que comercian con la palabra de Dios, sino que con sinceridad, como de parte de Dios y delante de Dios hablamos en Cristo."*
> *II Corintios 2:17*

- **Tercera:** <u>Que sea un cobarde.</u> Hace poco hablaba con un pastor y me decía que estaba de acuerdo conmigo en todo, pero que NO lo iba a enseñar en su Iglesia porque a lo mejor los miembros iban a dejar de dar diezmos y ofrendas. Este pastor cree que enseñar una mentira es mejor que enseñar una verdad bíblica, ¡esto es el colmo! Tenemos que ser valientes y predicar la VERDAD sin importar las consecuencias.

- **Cuarta:** <u>Que sea un fiel seguidor de las tradiciones de los hombres.</u> Este tipo de predicador ha sido enseñado de esta forma y hace y dice lo que le dijeron que dijese e hiciese sin preocuparse de estudiar lo que la Biblia enseña. Lo único que puedo decir en este caso es: ¡Menos mal que NO le dijeron que se tirase por un balcón!

Ya NO estamos bajo la Ley NI bajo ninguna maldición de la Ley, ¡AleluYah! ¡NO permitamos que los ladrones, los cobardes, los grandes ignorantes o los que siguen las tradiciones de la "Santa Madre Iglesia" nos hagan creer lo contrario!

> *"Cristo nos redimió de la maldición de la ley, hecho por nosotros maldición (porque está escrito: Maldito todo el que es colgado en un madero"*
> *Gálatas 3:13*

El "Diezmo" bajo el Nuevo Pacto

En ningún lado del Nuevo Testamento leemos que bajo el Nuevo Pacto debemos dar el diezmo.

Ahora, bajo el Nuevo Pacto, NO damos por obligación, como podemos leer en el siguiente versículo:

> *"Que cada uno dé como propuso en su corazón, no de mala gana ni por obligación, porque Dios ama al dador alegre.*
> *II Corintios 9:7*

Los discípulos de Jesús damos ofrendas voluntarias (sin ningún tipo de obligación) según hayamos prosperado.

> *"Ahora bien, en cuanto a la ofrenda para los santos, haced vosotros también como instruí a las iglesias de Galacia. Que el primer día de la semana, cada uno de vosotros aparte y guarde según haya prosperado, para que cuando yo vaya no se recojan entonces ofrendas. Y cuando yo llegue, enviaré con cartas a quienes vosotros hayáis designado, para que lleven vuestra contribución a Jerusalén."*
> *I Corintios 16:1-3*

En el Nuevo Testamento encontramos un versículo que aparentemente muestra que debemos diezmar, veamos:

"¡Ay de vosotros, escribas y fariseos, hipócritas!, porque pagáis el diezmo de la menta, del eneldo y del comino, y habéis descuidado los preceptos de más peso de la ley: la justicia, la misericordia y la fidelidad; y <u>éstas son las cosas que debíais haber hecho, sin descuidar aquéllas</u>."
Mateo 23:23

Jesús está hablando a los escribas y fariseos, Jesús todavía no había establecido el Nuevo Pacto, por tanto, estos hombres vivían según los mandamientos del Antiguo Pacto y ya hemos visto que bajo el Antiguo Pacto había que dar diezmos, por tanto, si este versículo lo leemos en su contexto, lo único que afirma es lo que estudiamos en la primera parte de este estudio: bajo la Ley de Moisés, el diezmo era un mandato. La enseñanza principal es que habían olvidado lo más importante de la Ley de Moisés dando énfasis a lo menos importante (el diezmo).

Hay un versículo en el libro de Hebreos que afirma que en la tierra los hombres reciben el diezmo.

"Aquí, <u>ciertamente hombres mortales reciben el diezmo</u>, pero allí, los recibe uno de quien se da testimonio de que vive."
Hebreos 7:8

¿De qué hombres está hablando en este versículo el autor del libro de hebreos? Cuando se escribió la carta a los hebreos el Templo NO había sido destruido, por tanto, los levitas y sacerdotes seguían involucrados en el servicio/trabajo del Templo, es decir, los levitas seguían recibiendo los diezmos. El autor de Hebreos sabía que el Templo con sus ofrendas y sacrificios estaba a punto de desaparecer, además nos dice que se ha producido un cambio en el sacerdocio y por tanto, un cambio también en la Ley (incluye dar diezmos).

> *"Porque cuando se cambia el sacerdocio, necesariamente ocurre también un cambio de la ley."*
> *Hebreos 7:12*

> *"Cuando Él dijo: Un nuevo pacto, hizo anticuado al primero; y lo que se hace anticuado y envejece, está próximo a desaparecer.*
> *Hcbrcos 8:13*

El "Diezmo" del Fariseo

Jesús nos enseñó una parábola donde un fariseo afirmaba que ayunaba dos veces a la semana y daba le diezmo de todo lo que ganaba.

> *"Dos hombres subieron al templo a orar; uno era fariseo y el otro recaudador de impuestos. El*

fariseo puesto en pie, oraba para sí de esta manera: "Dios, te doy gracias porque no soy como los demás hombres: estafadores, injustos, adúlteros; ni aun como este recaudador de impuestos. "Yo ayuno dos veces por semana; doy el diezmo de todo lo que gano."
Lucas 18:10-12

Las preguntas que debemos hacernos son dos ¿Es bíblico ayunar dos veces a la semana? . . . NO ¿Es bíblico dar el diezmo de todo lo que ganamos? . . . NO. Este fariseo era un hombre religioso, un hombre que creía que agradaba a Dios con sus acciones, era un hombre que llevaba cargas pesadas y difíciles de llevar (Mt. 23:4): ayuno, diezmos, largas oraciones, etc. ¿De qué le sirvió dar el diezmo? ¿Fue de alguna forma bendecido? NO y NO . . . Este diezmo NO era el diezmo bíblico, NO era lo que Dios demandaba de Su Pueblo bajo el Antiguo Pacto.

El "Diezmo Cristiano" NO es bíblico

Hoy en día, el diezmo "cristiano" (por llamarlo de alguna forma) tampoco es bíblico, puede ser que muchos estén dándolo de una forma genuina y sincera, pero la verdad es la verdad y tengo que decir que el diezmo que dan NO tiene absolutamente nada que ver con el diezmo de las Escrituras, en este estudio, hemos visto quién recibía el diezmo, quién tenía que darlo y en qué consistía, cuando alguien que no es levita nos pide el diezmo (dinero), está usando la Escrituras para robarnos, posiblemente pide el diezmo porque alguien le enseñó de esta forma, pero creo que ya va siendo hora de que comencemos a ser verdaderamente bíblicos y abandonemos nuestra tradiciones y costumbres por muy cristianas que sean . . . en los tiempos de Jesús existía un impuesto para el mantenimiento del Templo, Jesús nos dice acerca de dicho impuesto que "*los hijos están exentos*" (Mt. 17:26), por tanto, los hijos de Dios ni estamos obligados a dar el diezmo, ni estamos obligados a pagar un impuesto.

En el Judaísmo, los Rabinos NO piden el diezmo porque saben muy bien todo lo que hemos estudiado, aunque sí apartan un "diezmo" (dinero) para los pobres y necesitados llamado "*maaser kesafim*".

Conclusión Final:

Nosotros, los creyentes en Jesucristo, bajo el Nuevo Pacto, damos **ofrendas voluntarias** y la cantidad que damos NO es necesariamente un diez por ciento, <u>puede ser más o puede ser menos</u>, según hayamos prosperado . . .

> *"Que cada uno dé como propuso en su corazón, no de mala gana ni por obligación, porque Dios ama al dador alegre.*

II Corintios 9:7

". . . cada uno de vosotros aparte y guarde según haya prosperado . . ."
I Corintios 16:2

Made in the USA
Middletown, DE
14 July 2023

34978395R00031